G R U E R I E.

Par le *Citoyen* LEVASSEUR, *Commissaire
du Pouvoir Exécutif, près le Tribunal de
Bois-Commun, Département du Loiret.*

Le droit de Gruerie est réclamé au nom
de la nation par l'administration forestière,
sur les bois de plusieurs propriétaires dans
l'étendue du département du Loiret, en-
clavés dans une démarcation qu'on appelle
pour cela, *Ligne de Gruerie* ; (1) il consiste
principalement dans le produit de la moitié
des coupes.

---

(1) La Ligne de Gruerie a été déterminée dans le
plus grand détail par une ordonnance ou jugement
rendu le 5   1717, par des commissaires du
conseil ; elle commmence à la Chapelle des Aides, au
bout du faubourg d'Orléans, sur la route de Paris, va
gagner St. Loup, sur le bord de la Loire, suit le chemin
d'Orléans à Jargeau, Châteauneuf, St. Aignan - des-
Gués, les Bordes ; cotoye la forêt, passe par le Mou-
linet, Montereau, Lorris, Bellegarde, Bois-Commun,
Chambon, Mareau, Chilleurs, Neuville et Andeglon,
sur la route de Paris à Orléans.

On voit par ce détail que l'enclave de la Gruerie

A

Ce droit est-il compris dans la suppression des droits féodaux ? Aucuns des décrets définitifs ne l'y a compris nommément ; ainsi, pour résoudre la question proposée, il faut examiner, d'après sa nature, s'il s'y trouve implicitement compris.

Le droit de Gruerie n'est pas en la main de la nation un droit de co-propriété. L'héritage enclavé dans la Ligne est-il terre labourable ou pâture ? Il appartient en entier au détempteur, et pour le fonds et pour les fruits ; la nation n'a sur cet héritage aucun droit à exercer. Devient-il bouquet de bois ayant deux perches de large ? On le met en Gruerie, et le droit s'exerce sur un terrein ci-devant franc. La Gruerie est donc un droit sur la superficie, sur la coupe des bois situés dans l'enclave, et non pas une co-propriété dáns le fonds.

Le détempteur du bois grevé n'a pas le droit qui appartient à tout propriétaire indivis, de demander le partage, afin de jouir seul et franchement de sa moitié ; il est au contraire propriétaire de l'héritage pour la totalité ; il est dit par les loix, *très-foncier*,

---

s'étend sur le territoire de six districts : Orléans, Gien, Montargis, Bois-Commun, Pithiviers et Neuville.

pour exprimer qu'il est propriétaire du fonds.
Il est tellement reconnu propriétaire, que
c'est à lui seul à régler le tems de la coupe,
sans qu'on puisse l'y contraindre, si ce n'est
en cas de dépérissement, (ainsi qu'il est
énoncé en l'art. 5 du titre *des Bois* et *droits
de Gruerie*, du réglement de 1671 pour la
maitrise des eaux et forêts d'Orléans;) la
Gruerie a donc tous les caractères d'un droit
de servitude, réclamé au nom de la nation, sur les bois appartenant aux particuliers dans l'étendue de sa démarcation.

Il faut maintenant examiner si la Gruerie
est une servitude féodale ou une redevance
non féodale.

L'origine de ce droit est inconnue ; elle se
perd dans la nuit des tems ; les auteurs ont
essayé différentes conjectures.

1°. Les uns prétendent que les rois seuls
pouvoient avoir des bois de haute-futaye,
et que, lorsqu'ils concédèrent à leurs sujets la faculté de laisser croître les leurs,
ils se réservèrent la moitié des coupes.

2°. D'autres prétendent que les particuliers ne pouvant pas empêcher par eux-mê-
mes les dommages qu'on faisoit dans leurs
bois, se sont mis sous la protection du roi,
qui la leur a accordée à condition qu'il
auroit la moitié des coupes.

(4)

3°. D'autres enfin prétendent que les Francs s'étant emparés des Gaules , les premiers rois françois concédèrent à leurs capitaines les forêts, à la charge d'une redevance qui fut fixée à la moitié de la coupe.

Si la première de ces origines étoit constante, la Gruerie seroit une violation ouverte du droit de propriété, en ce que les rois auroient fait acheter l'exercice d'une faculté qui en dérive nécessairement par le sacrifice d'une portion des fruits ; elle seroit attentatoire à l'un de ces droits naturels et imprescriptibles que l'homme en société ne peut perdre ni aliéner, et dont la conservation est le but du contrat social. Cette circonstance suffiroit, sans aucun décret , pour la proscrire.

Les deux autres opinions attribuent pour origine à la Gruerie, une convention ou une concession, et lui donnent une apparence d'équité.

Quelle que soit sa véritable origine, il est un fait constant, c'est qu'au droit de Gruerie a été jointe, de tout tems, la justice forestière sur l'héritage grevé, comme en étant une suite et conséquence nécessaire. C'est un principe posé par l'ordonnance de 1660 , *tit.* 23 , *art.* 1 : « En tous les bois » sujets au droit de Gruerie .... . , la jus-

» tice et tous les profits qui en procèdent ,
» nous appartiennent. »Les auteurs qui ont
parlé de la Gruerie, s'accordent à convenir
que ce droit a toujours entraîné celui de
justice ; il étoit bien naturel que le domaine
eût la justice sur les bois dans la jouissance
desquels il étoit intéressé.

Dans l'origine des fiefs et même long-
tems après, fief et justice étoient toujours
réunis ; celui qui avoit la justice avoit le
fief, et celui qui avoit le fief avoit la justice ; ce n'est que par succession de tems
que s'étoit établie la maxime : *Fief et justice
n'ont rien de commun.* (2) On voit des ves-
tiges de l'ancien droit dans quelques-unes
de nos coutumes, où le propriétaire du fief

____

(2) Malgré l'introduction de la maxime : *Fief et
justice n'ont rien de commmun* , néanmoins la justice
étoit tellement jointe à la féodalité , que, jusqu'à la
destruction du régime féodal , en 1789, le propriétaire d'un alœu auquel étoit jointe la justice, avoit la
féodalité sur le territoire de sa justice. Ainsi , dans
ces derniers tems , le droit qui entraînoit la justice
sur l'héritage grevé , étoit un droit féodal ; d'où
l'on voit que , quand l'origine de la Gruerie seroit
récente , et ne remonteroit pas aux siècles les plus
reculés de la monarchie , elle n'en seroit pas moins
un droit féodal , par la seule raison qu'elle entraînoit la justice forestière sur un héritage grevé.

avoit, de droit, la justice dans l'étendue de son fief ; d'où il résulte que tout droit qui, dans les anciens tems, entraînoit la justice sur l'héritage grevé, étoit, par-là même, un droit féodal, dû par le propriétaire de l'héritage grevé au propriétaire de l'héritage auquel étoit annexée la justice ; ainsi, nul doute que la Gruerie qui a toujours entraîné la justice, ne soit un droit féodal.

La Gruerie étant un droit féodal, est soumise aux dispositions des loix concernant les droits féodaux, et notamment les loix des 28 Mars 1790 et 25 Août 1792.

L'article 12 du titre 2 de la première, porte......: « Les lots et ventes, trei- » zièmes et *autres droits* sur les vaisseaux, » sur les *bois et arbres*, futayes, têtards » ou fruitiers, *coupés, ou vendus pour* » *être coupés* ....., sont abolis sans in- » demnité. » La Gruerie est un droit à pré- lever sur les bois coupés, (lorsqu'il est perçu en nature) ou vendus pour être coupés, (lorsqu'il est perçu sur le prix); ainsi, elle est supprimée sans indemnité.

La même loi excepte de la suppression les droits féodaux qui seroient prouvés par le titre primordial ou par des reconnois- sances, être le prix d'une concession de fonds. Suivant l'article 5 de la loi du 25

Août 1792 , les reconnoissances ne peuvent suffire ; le possesseur d'un droit féodal ne peut continuer à le percevoir, qu'autant qu'il se trouveroit clairement énoncé dans le titre primordial de la concession , qui doit être rapporté. L'administration forestière ne rapporte pas le titre primordial de la Gruerie, puisqu'on en ignore l'origine ; ainsi, les exceptions admises par la loi , ne peuvent conserver le droit de Gruerie, qui reste compris dans la suppression générale et sans indemnité des droits féodaux.

La conservation de la Gruerie, dira peut-être l'administration, est formellement prononcée par les art. 3 du tit. Ier et unique, du tit. 11 de la loi forestière du 29 Septembre 1791 , qui soumettent au régime forestier les bois en Gruerie.

Des deux articles invoqués, le premier a été décrété le 20 Août 1791 ; le second, le 4 Septembre. L'Assemblée nationale, en les décrétant, n'a pas entendu décider que la Gruerie étoit conservée ; pour s'en convaincre, il suffit d'ouvrir le procès-verbal du 20 Août ; on y lit :

« Il s'est élevé des doutes sur l'article 3
» (du titre Ier.) ; mais, après un léger
» changement, et sur la demande d'un
» membre, tendant à faire mention dans

» le procès-verbal, que le mot *indivis* ne
« s'appliquoit pas aux bois possédés en
» *Gruerie*, grairie, etc., et que la ques-
» tion sur *la légitimité ou l'illégitimité dn*
» *droit de Gruerie* et de grairie, sur les
» bois de la forêt d'Orléans *reste indécise*,
» jusqu'au rapport qui sera incessamment
» fait par les comités de domaine et de féo-
» dalité; l'Assemblée nationale ayant con-
» senti à ces réserves et mention, l'article
» 3 a été décrété ainsi qu'il suit .... »

La question de Gruerie ayant été conservée indécise dans la séance du 20 Août,
a été présentée de nouveau dans la séance
du 13 Septembre, postérieure de neuf jours
au décret du 4, qui a consacré le second
article pareil au premier. Voici ce qu'il
en est dit dans le procès-verbal dudit jour
13 Septembre :

« Le même membre du comité d'aliéna-
» tion des biens nationaux a présenté un
» autre projet de décret, tendant à ren-
» voyer aux tribunaux chargés de l'exécu-
» tion des loix, les pétitions dont l'objet
» est de demander, en exécution des dé-
» crets de l'Assemblée, la suppression sans
» indemnité des droits de Gruerie, perçus
» dans le départemeut du Loiret......

» Il a été fait la motion de déclarer

» qu'il n'y a pas lieu à délibérer sur les
» pétitions ci-dessus , attendu que , s'agis-
» sant de l'exécution des décrets, elles sont
» du ressort des tribunaux.

» Cette motion a été adoptée ; en con-
» séquence , le décret suivant a été rendu :

» L'Assemblée nationale, sur le compte
» qui lui a été rendu par ses comités des
» domaines et des droits féodaux des péti-
» tions relatives au droit de Gruerie, per-
» çus dans le département du Loiret.. .;
» considérant qu'il ne s'agit que de l'ap-
» plication des décrets, et qu'en conséquence,
» lesdites pétitions sont du pouvoir judi-
» ciaire , déclare qu'il n'y a lieu à dé-
» libérer. »

Cet arrêté , comme on voit , laisse à la
prudence des tribunaux devant lesquels se-
ront portées les questions de Gruerie à
décider , d'après les décrets , si la Gruerie
est supprimée ou conservée ; les raisons ci-
dessus prouvent qu'elle est supprimée sans
indemnité , et il y a tout lieu de croire que
les tribunaux jugeront, en conséquence ,
que les bois, ci-devant assujettis à la Gruerie , sont libérés de ce droit.

S'il pouvoit rester quelque doute sur cette
question , il seroit levé par le décret rendu
le 25 Août dernier (1792) dont l'article

5, après avoir supprimé nominativement une foule de droits seigneuriaux , dans le cas où ils ne seroient pas justifiés par le titre primordial être le prix d'une concession de fonds, supprime « Généralement, » tous les droits seigneuriaux , tant féo- » daux que censuels , *quelles que soient* » *leur nature ou dénomination* , même » ceux qui pourroient avoir été *omis* dans » lesdites loix ou *dans le présent décret....* » La Gruerie est un droit féodal ; on ne peut en rapporter le titre primordial ; ainsi , quoiqu'elle ne soit pas exprimée mommément dans cet article , elle n'en est pas moins comprise dans la suppression générale.

Dans la rédaction provisoire de ce décret , en date du 20 du même mois, dira-t-on, on avoit inséré nominativement le droit de Gruerie comme supprimé. L'omission de ce mot, lors de la rédaction définitive , est la preuve que l'Assemblée nationale a entendu conserver ce droit appartenant à la nation.

La rédaction provisoire du 20 Août ayant été connue dans le département du Loiret par la voie des journaux, les propriétaires se sont félicités de ce que l'Assemblée nationale ayant enfin reconnu l'injustice du droit de Gruerie , et que sa suppression étoit une suite nécessaire de celle des droits féodaux, l'avoit proscrit nominativement, afin d'ôter aux préposés tout prétexte de vexer, en le réclamant. Avec quelle surprise a-t-on vu que le mot *Gruerie* avoit été omis dans la rédaction définitive, qui est la base de la loi envoyée dans les départemens et aux tribunaux ? Comment se persuadera-t-on que, dans le moment où l'Assemblée s'occupoit de faire disparoître du territoire françois toutes les entraves du régime féodal, elle ait voulu conserver un droit féodal aussi odieux que celui de la Gruerie, et révoquer le 25, la suppression solemnellement décrété le 20 ? L'omission du mot Gruerie dans le décret définitif, est et ne peut être que l'effet de l'inattention du scribe qui l'a mis au net. La Convention nationale instruite de l'erreur qui s'est glissée dans le décret du 25 Août, la réformera par un décret subséquent.

Voudroit-on prétendre, contre toute vraisemblance, que l'omission du mot *Gruerie*, dans la rédaction définitive, soit l'effet d'une détermination précise et réfléchie ? Qu'en résulteroit-il ? Que l'Assemblée législative, se conformant à l'arrêté de l'Assemblée constituante, du 13 Septembre

1791, n'a pas voulu décréter la suppression nominative de ce droit ; qu'au moyen de la clause générale, qui comprend *les droits omis dans le présent décret*, elle a entendu ordonner la suppression de la Gruerie, si elle étoit un droit féodal, et la conserver, si elle étoit une redevance non féodale ; qu'elle n'a pas voulu décider la question de savoir si la Gruerie devoit être rangée dans la classe des droits féodaux qui sont supprimés, ou dans la classe des redevances non féodales qui sont conservées ; qu'elle a laissé à la prudence des tribunaux à décider cette question.

C'est afin de ne la pas décider par la suppression nominative du droit de Gruerie, que l'on a omis ce mot dans le décret définitif ; mais aussi, de peur que ce retranchement ne parût décider la conservation de ce droit et l'excepter de la suppression, quand bien même il seroit jugé droit féodal, on a prononcé la suppression de touts les droits féodaux, *même (de) ceux qui pourroient avoir été omis dans le présent décret.*

Ainsi, pour décider dans la supposition qui vient d'être faite, si la Gruerie est ou n'est pas comprise dans la suppression générale des droits féodaux, que prononce

le décret du 25 Août dernier, il faut examiner si la Gruerie est ou n'est pas un
droit féodal. Il a été démontré ci-dessus
que la Gruerie étoit un droit féodal; donc
elle est comprise, à ce titre, dans la suppression prononcée.

La circonstance qu'elle étoit entre les
mains de la nation, n'empêche pas qu'elle
n'y soit comprise. La nation a fait le sacrifice des droits féodaux qui pouvoient
lui appartenir. Auroit-elle pu continuer
à son profit, l'injustice qu'elle proscrivoit
dans les particuliers ? (3)

----

(3) Le procès-verbal de la réformation de la
forêt d'Orléans, fait en 1671, constate qu'il exis-
toit, à cette époque, 56,000 arpens en Gruerie,
ci . . . .   56,000 arpens.

Les sept principaux trefonciers :
St. Benoît, l'Évêché, Ste. Croix,
St. Euverte, Herbelai, Ste. Chapelle et l'Hôtel-Dieu en possé-
doient . . . .   26,683.

Ces bois, ci-devant ecclésias-
tiques, étant devenus nationaux,
il ne reste plus en Gruerie que . . . 29,317.

Pour en avoir le nombre au juste,
il faudroit en soustraire le nombre
d'arpens en Gruerie ci-devant pos-

Si l'administration forestière croit avoir
à répondre à ce qui vient d'être dit , c'est

---

sédés par l'abbaye de Coudieu, l'ordre
de Malthe et quelques autres gens
de main-morte.

La moitié appartenant à la nation,
dans les bois en Gruerie, ne fait pas
le produit , de . . . . 15,000 arpens.

Les bois peuvent être estimés l'un
dans l'autre , à raison de 8 liv. la
feuille, ce qui fait, bon an , mal an ,
un revenu de . . . . 120,000 livres.

A retrancher, année commune,
le 6ème. pour l'imposition foncière ,
(elle est au 5ème. pour 1792) ci . . 20,000 liv.

Le droit de Gruerie supprimé ,
la nation auroit de moins , en revenu net , ... , ... 100,000 liv.

Mais , d'un autre côté, elle ga-
gneroit l'imposition foncière à payer
par les acquéreurs , ... 20,000 liv.

La suppression de la Gruerie feroit
perdre de revenu à la nation , au
plus , ... 80,000 livres.

Un objet aussi modique pourroit - il déterminer à
conserver un droit aussi odieux ? Ce seroit faire injure
à la nation et à ses représentans, de croire qu'un aussi
mince intérêt pût balancer la conséquence des prin-
cipes posés.

par des écrits publics qu'elle doit le faire, **et** non par des mémoires secrets, présentés seulement dans les comités ; les droits de **la** nation doivent se disputer au grand jour.

De l'Imprimerie de Guillaume *Junior*, quai des Augustins, N°. 42.

www.ingramcontent.com/pod-product-compliance
Lightning Source LLC
Chambersburg PA
CBHW071646030726
47598CB00005B/2029